# Bilder der Bildermappe

Christel Holl

Siehst du, wie viel Sternlein stehen?

Im Vertrauen auf Gott ging es hinaus

Es gab ihm sein ganzes Brot

Da fielen die Sterne wie Taler vom Himmel

Zähl die Sterne!

Sie folgten dem Stern

In dunkler Nacht leuchtet ein Licht

Jesus, der wahre Morgenstern

# Gib mir ein hörendes Herz

## Zur Besinnung für Erzieherinnen, Eltern, eine Gruppe, für alle, die in einer stressigen Zeit zur Ruhe kommen wollen, um innezuhalten und zu hören

**Text: P. Meinulf Blechschmidt**

**Die kurze Erzählung aus dem ersten Buch der Könige, in der Gott zu Salomo spricht und ihn auffordert, eine Bitte auszusprechen, könnte Anlass sein, zu Beginn einer termingefüllten und anstrengenden Zeit innezuhalten und über diese Frage und die Antwort Salomos nachzudenken.**

Gott erscheint dem Salomo, der gerade seinem Vater David auf dem Königsthron gefolgt ist: „Sprich eine Bitte aus, die ich dir erfüllen soll!"

Was würde ich von Gott erbitten? Habe ich eine Bitte oder mehrere? Welche wäre die wichtigste? Und morgen habe ich doch bestimmt wieder eine andere. Gott will sie erfüllen, nicht irgendeiner. Es geht um eine „letzte Bitte", in der alles sein kann. Diese Frage öffnet mein weites, verzweigtes Leben, will mir vor Augen bringen, was gelingt und nicht gelingt, wo ich bedürftig bin und allein nicht mehr weiter komme, was mich immer und ganz bewegt und nach Erfüllung schreit und oft doch in der Tiefe liegt. Eine Frage, die mich in mein reales Leben führt.

Salomo sagt: „Ich bin noch jung und stehe mitten in einem großen Volk, ich weiß nicht, wie ich es regieren soll."

In welchem großen Volk stehe ich? Was ist schon mein Leben?
Doch welche Fülle macht mein Leben aus! Am Arbeitsplatz, viele Kolleginnen, die vielen Kinder im Kindergarten, meine Familie, meine Arbeit, Pflichten, Wünsche, Träume, Freizeit und noch dies und das ...
Was muss ich alles „regieren", „beherrschen", „unter einen Hut bringen", ordnen und sinnvoll zusammenbringen?

**Salomo bittet: „Gib mir ein hörendes Herz, damit ich das Gute vom Bösen zu unterscheiden weiß. Wie soll ich das Volk sonst regieren?“ Diese Bitte gefiel Gott.**

Gib mir ein hörendes Herz!
Eine völlig innerliche Bitte, keine Strategie, kein Arbeitsplan, kein Zukunftspapier. Worauf soll ich hören in meinem Alltag? Mein Hören wird mein Handeln bestimmen. Mit dem Herzen hören, in der Mitte, nicht so nebenbei oder neugierig. Wem bin ich „hörig“? Wem gehört mein Herz?

Die beginnende Adventszeit kann sehr laut werden, Hektik, Unruhe, Stress verbreiten, Wünsche und Bedürfnisse wachrufen. Feiern, Einkäufe, Feste treiben uns um.
Ist der innere Raum offen, damit ich hören kann? Hören, um zu unterscheiden?
Die Adventszeit lädt ein, verlangt im Tiefsten danach, den Weg nach innen zu gehen, in einem Team, in der Pfarrei, an einem Elternabend innezuhalten, um zu hören, worauf es ankommt, neu die Stimme Gottes zu hören. Dazu gehen wir in dieser Einheit einen Weg, um mit dem König Salomo das eigene Leben mit seinen vielen Facetten, Grenzen und Spannungen anzuschauen. Kann ich zu mir kommen, in die Mitte, um Gott zu hören, damit ich Gut und Böse unterscheiden kann?

„Gib mir ein hörendes Herz!“, damit ich die Mitte nicht verliere und mit Mut Entscheidungen und Unterscheidungen treffe, damit mein Leben vor Gott und mit den Menschen, die mir anvertraut sind, gelingen kann und ich nicht allen Strömungen, Meinungen und Angeboten ausgeliefert bin.

## Durchführung

### Ankommen im Raum

Wir sitzen im Kreis, jeder hat seinen Stuhl.
Wir haben uns hier eingefunden.
Nehmen wir zunächst den Raum wahr, in dem wir sind:

Ich sehe die Wand (oder das Fenster, die Tür) mir gegenüber.
Ich habe auch eine Wand (oder ein Fenster, eine Tür) hinter mir.

Ich nehme eine Beziehung zur Lehne auf, spüre meinen Rücken gegen die Lehne. Durch die Lehne kann mein Rücken eine Beziehung zur Wand hinter mir aufnehmen.

Ich sehe auch die anderen Wände. Ein Raum mit vier Wänden – oder mit Winkeln und Ecken?

Meine Füße dürfen Kontakt zum Boden haben ...

Von meinem Platz aus lasse ich den Blick ein wenig wandern:
Ich schaue die Fenster, die Tür, durch die wir eingetreten sind.
Gibt es Bilder in dem Raum? Stehen irgendwo Blumen? ...
Wie ist der Raum eingerichtet?

Wir schließen die Augen und versuchen innen nochmals zu schauen:
Sehe ich in mir etwas von diesem Raum? Die Wand mir gegenüber?
Einen Gegenstand, ein Bild, die Tür, durch die ich eingetreten bin? ...

Woher kommt das Licht?
Weiß ich noch, wie die Decke aussieht?

Wir öffnen die Augen wieder. Wir sehen uns im Kreis mit den anderen.
Wir dürfen auch schauen, wer rechts und links neben uns sitzt.

Wir lassen die Augen weiter wandern, langsam durch den Kreis
und können jede und jeden einmal bewusst wahrnehmen ...

## Die Mitte suchen – in die Mitte eintreten

- Ein Reifen wird in die Mitte gelegt.
- Ein/e Teilnehmer/in wird in die Mitte geführt: Dazu steht die Person auf, steht an ihrem Platz und schließt die Augen. Diese Haltung wird kurz verinnert:

Sie schließen die Augen. Sie spüren: Ich stehe vor meinem Stuhl, ich stehe auf meinen Füßen. Ich werde gleich einen Weg im Kreis geführt, an allen anderen Personen vorbei – in die Mitte.

- Mit geschlossenen Augen wird der/die Teilnehmer/in an der Hand einmal im Kreis und dann etwas enger in die Mitte geführt. Der Führende geht innen, der Vorgang darf ruhig zwei-, dreimal wiederholt werden.

Man kann auch anders zur Mitte gehen.

- Eine Person wird eingeladen aufzustehen. Sie sieht den direkten Weg zur Mitte von ihrem Platz aus, es sind nur ein paar Schritte.
- Sie schließt die Augen und geht geradeaus in die Mitte, tritt in den Reifen. Dort angekommen – beim letzten Schritt – erhält sie ein leises Zeichen (am besten einen Zimbelton). Sie schaut: Ich bin da, in der Mitte.
- Die Person lädt eine andere ein, den gleichen Weg zu gehen.

## Meine Welt um diese Mitte – in vielen Feldern und Aufgaben

- Seile in hinreichender Zahl werden bereitgelegt, wenigstens ein Seil für jeden im Kreis, und darüber hinaus noch drei oder vier weitere.

Mein Leben ist vielfältig

- Die Seile werden nacheinander von den Teilnehmern um die Mitte angelegt, das kann in verschiedener Form sein. Das erste Seil wird mit beiden Enden an den Reifen gelegt. Danach gilt die Regel: Jedes Seil berührt entweder den Reifen oder andere Seile. Die Seile sollen sich jedoch nicht überschneiden. (Es entsteht durch jedes Seil eine eingegrenzte Fläche.)

Unsere Mitte hat sich verändert, wir haben sie verändert.

Was können wir sehen? Es kann verschiedene Eindrücke geben.
Welches Bild ist entstanden?
Wovon spricht dieses Bild?
Erzählt es auch von unserem Leben? Von meinen Aufgaben? Vom Tageslauf?

- Jemand geht einmal um diese „Felder“, geht dann über die Felder in die Mitte. Dort schließt er die Augen.

Ich kann ausatmen. Ich spüre die Füße. Nach dem Weg durch und über viele Felder stehe ich jetzt da.

Wo bin ich gegangen? Das war keine gerade Straße.
Was lag da vor mir? Was liegt jetzt um mich herum?

Jetzt bin ich still in der Mitte.
Ich bin da bei mir.

## Mein Leben in einer bunten, komplexen Welt

*In der Schule, im Team, in der Gemeinde, bei einem Elternabend im Kindergarten könnte man diesen Fragen nachgehen:*
*Wie bin ich jetzt da? Wie bin ich sonst „unter-wegs“? Wo stehe ich? Stehe ich überhaupt oder springe ich nur, fahre und transportiere Kinder? ...*
*Was macht mein Leben aus? Welche „Arbeitsfelder“ fallen mir spontan ein?*
*Kann ich die Fülle und Verschiedenheit gelassen annehmen oder treibt mich etwas um? Hetze ich von einem zum anderen? „Auch das noch“, „auch das noch schnell“, „so nebenbei“?*

## Ich gestalte „meine Welt“

- Jede/r Teilnehmer/in gestaltet ihr Feld: Dazu wird Material bereitgestellt, z.B. Steine, Chiffontücher und andere Tücher, verschiedenes, buntes Legematerial, Edelsteine, schwarze Steine.
- Es könnten auch von den Teilnehmern auf Karten Begriffe geschrieben werden, was den Alltag ausmacht, was sie umtreibt, Aufgaben, Pflichten, Ziele, Nöte. Die Karten werden dann vorgelesen und in die Felder gelegt.

Erfüllt mich, was mich ausfüllt?

Wir sehen eine bunte Welt – buntes Leben – unser Leben.
So kann ein Tag verlaufen, so geht ein Jahr dahin. Welch ein Reichtum! Welche Abwechslung?

Manchmal aber sagen wir, es sei nicht nur bunt, sondern wir stöhnen: „Das wird mir zu bunt!“ Es geht kunterbunt zu!

Wenn das so ist, dann gibt es ein bekanntes Bedürfnis: Ich habe überhaupt keine Zeit für mich! Ich muss mal zu mir selbst kommen!

Was hält alles zusammen? Gibt es dafür eine Mitte? Oder zerreißt mich das Vielerlei? Macht es mich leer, ausgepowert?
In der Mitte, gibt es da Stille, Einfachheit, Aufatmen, Dasein?

Was ist in der Mitte?

## In der Mitte sein und hören

- Eine runde gelbe Decke, die den Reifen ausfüllt, wird in die Mitte gelegt.

Die Mitte ist hell. Das bunte Vielerlei ist fort, bleibt draußen. Es braucht mir jetzt keine Angst zu machen.
Die Mitte ist „ruhig“, sie ist „stiller“ als das viele Drumherum.
Ich kenne die Sehnsucht, einmal in die Stille, in die Mitte zu kommen.

Stille – mitten im bunten Treiben

- Jemand tritt in die Mitte. Wegen der gestalteten Felder geht die Person am besten einmal rundherum und dann mit einem Schritt in die Mitte. Sie schließt die Augen:

Ich stehe in meinem bunten Leben, aber laufe jetzt niemandem und nichts nach. Ich stehe da. Ich halte inne. Ich warte.

- Die Person empfängt einen leisen Ton (einer kleinen Glocke, einer Zimbel). Der Ton wird mehrmals wiederholt.

## Gesammelt da sein und hören

- Ein Gong wird in die Mitte gestellt und angeschlagen.

Einige sind in die Mitte getreten und haben einen leisen Ton gehört.
Jetzt hören wir alle auf den einen Ton in der Mitte.
Wir können auch da sein, gesammelt, mit den Füßen auf dem Boden, hier und jetzt.
Wir hören den Ton und lassen ihn verklingen.
Dann schließen wir die Augen.

Ein Ton erfüllt die Mitte

Wir lassen die Augen geschlossen, hören wieder den Ton, lassen ihn ausklingen bis in unsere eigene Mitte.
Hat der Ton Raum in mir?
Klingt er nach bis dorthin, wo es still wird, wo ich einfach nur sage:
Ich bin da!

Wir warten, bis der Ton wiederkommt und lassen ihn ausklingen, ehe wir die Augen wieder öffnen.

- Der Gong wird aus der Mitte herausgenommen.
- Eine Tonschale wird in die Mitte gestellt.

So waren einige in der Mitte gestanden, gesammelt, einfach und offen.

- Die Schale wird angeschlagen.

Auch die Schale hat einen Ton, ihren Ton. Sie klingt anders, doch sie klingt, denn sie ist leer und offen.

Ein offener Mensch klingt ganz besonders

## Verkündigung: 1 Kön 3,5-14

- Eine Kerze wird entzündet und in die Mitte gestellt.

In Gibeon erschien der Herr dem Salomo nachts im Traum und forderte ihn auf: Sprich eine Bitte aus, die ich dir gewähren soll.

Salomo antwortete: Du hast deinem Knecht David, meinem Vater, große Huld erwiesen; denn er lebte vor dir in Treue, in Gerechtigkeit und mit aufrichtigem Herzen.
Du hast ihm diese große Huld bewahrt und ihm einen Sohn geschenkt, der heute auf seinem Thron sitzt.
So hast du jetzt, Herr, mein Gott, deinen Knecht anstelle meines Vaters David zum König gemacht.

Doch ich bin noch sehr jung und weiß nicht,
wie ich mich als König verhalten soll.
Dein Knecht steht aber mitten in deinem Volk, das du erwählt hast:
einem großen Volk, das man wegen seiner Menge nicht zählen und nicht schätzen kann.

Verleih daher deinem Knecht ein hörendes Herz,
damit er dein Volk zu regieren
und das Gute vom Bösen zu unterscheiden versteht.
Wer könnte sonst dieses mächtige Volk regieren?

Gott hat ein Herz für uns Menschen

Es gefiel dem Herrn, dass Salomo diese Bitte aussprach.

- Zeit der Stille für jede Teilnehmerin

## Fragen für die stille Zeit

- Einige der folgenden Fragen können für eine stille Zeit der Eigenbeschäftigung auf einem Blatt mitgegeben werden.

Ich schaue meine Welt an,
die alltägliche, die mich in Anspruch nimmt,
die vielen „Felder“: Familie, Beruf, Hobby, Ehrenamt, Feste, Krankheit ...
Was ist es, das mich beansprucht im Beruf?
Andere Menschen, Pflichten, eigene Pläne, Ehrgeiz, Karriere ...

Was macht meine Welt bunt – kunterbunt?
Jetzt in dieser Zeit (z.B. wenn in dieser Zeit des Advents die Einheit gehalten wird?)

Gibt es eine Sehnsucht nach der Stille und der Mitte in mir?
Ist sie verdeckt?
Ist sie schwach oder stark?
Wann zeigt sich die Sehnsucht nach Stille?

Worauf höre ich?
Was treibt mein Handeln an?
Wonach richte ich mich? (z.B. im Advent, wenn so vieles los ist?)

Höre ich auf die Kinder und auf das, was sie wirklich zum Leben und Glauben brauchen? Gerade im Advent?

Halte ich Stille aus, um mich in und an der Mitte zu orientieren?

Was wollen wir im Team tun, um diese Zeit um eine Mitte zu gestalten?

### Ich höre die Fragen aus der Erzählung

Welche Bitte würde ich aussprechen, wenn Gott mich fragte,
also eine Bitte, die aufs Ganze geht?

Kann ich Salomos Bitte mitsprechen?
Salomo vertraut auf Gottes Weisung.

Er bekennt, dass sie allein gut ist und entscheidend.

Gott sagt, was gut und böse ist, niemand sonst.

Gott gehört die Mitte, in die Mitte des ganzen Volkes,
in die Mitte seiner Entscheidung.

Gott gehört in die Mitte meines bunten Alltags,
meiner Wünsche, Pflichten, Aufgaben ...

Hören auf Gott gibt Zukunft und heilt das Zusammenleben.

Was „beherrscht" meine Mitte?

## Austausch im Plenum

- Die festgehaltenen Ergebnisse können ins Gespräch kommen.

## Material

**geschmückter Rhythmikreifen, Seile (einige mehr als Teilnehmer), differenziertes Gestaltungsmaterial: freundliches, kostbares, aber auch hartes, trockenes, dunkles; runde, gelbe Decke für den Reifen, kleine Glocke oder Zimbel, Gong, Tonschale, Kerze, Textblatt mit Anregungen und Fragen für eine stille Zeit**

Text und Melodie:
Burgi Mitterreiter

# Ich habe dich mit Namen gerufen

## Du bist kostbar (Jes 43)

**Text: Sr. Esther Kaufmann**

**„Fürchte dich nicht, ich habe dich mit Namen gerufen,
du gehörst mir.
Wenn du durchs Wasser schreitest, bin ich bei dir,
wenn durch Feuer, werden die Flammen dich nicht versengen.
Ich habe dich ausgelöst. Ich bin mit dir.“ (Nach Jes 43,1-5)**

**Dieser Text spricht von einer großen Liebe Gottes zu seinem erwählten Volk Israel. Er nimmt uns mit, wenn wir im Glauben in dieses Volk durch Christus eingegliedert sind.**
**Gott hat uns mit Namen gerufen, er nimmt uns an und in die Hand. Wir sind ihm kostbar.**
**Er hat uns ausgelöst aus fremder Herrschaft, nicht als hätte er einem Stärkeren Lösegeld für uns gezahlt, sondern er hat uns befreit, damit wir sein Eigentum werden. Ausgelöst, dem entspricht das „Erwähltsein“, ins Eigentum genommen werden. Das macht die Kostbarkeit und Größe Israels und des Gläubigen aus, diese Erwählung Gottes, ihm zu gehören, bei ihm zu sein – der bei uns ist.**

Zunächst werden wir sagen, das sei doch keine spezifisch adventliche Botschaft oder Verheißung. Sollte das nicht Hoffnungsbotschaft sein für die vielen Tage im Jahr, wo es grau und hässlich zugeht, Enttäuschungen und Ängste uns umtreiben? Doch wenn wir genauer hinhören, ist es eine ganz besondere, adventliche Verheißung.

Im Advent warten wir auf Jesus, Gottes Sohn, der Mensch wird, um uns zu erlösen, den die Engel über Betlehem verkünden: „Heute ist euch der Retter geboren!“ Wie rettet Gott? Wie erwählt er uns? Wie ist er bei uns?

Er kommt in allem uns gleich, er wendet sich dem entstellten, verletzten, gebrochenen Abbild zu, indem er genau das annimmt, unser Menschsein. So will er uns heiligen und eine besondere Würde geben. Er sucht das Verlorene und richtet es auf. In der Begegnung mit ihm liegt die einzigartige, große Würde. Du bist kostbar, weil Gott dich nicht fallen lässt, weil er dich in die Mitte stellt, in seinen Blick, in seine Liebe. Sein „für dich" macht jeden Menschen kostbar.

Wir haben diese Einheit im Kindergarten mit Vorschulkindern durchgeführt. Es war erstaunlich, wie sorgfältig und achtsam jedes Kind in der Mitte von einem andern geschmückt wurde.
Es entstand eine große Sammlung, konzentriertes Hinschauen und Staunen, Freude am wachsenden Bild, an dem bunten Reichtum, der zur unausgesprochenen, bildhaften Wertschätzung wurde.
In einem zweiten Schritt wird auch die tatsächliche Missachtung angesprochen, ausgedrückt, wenn wir dunkle Steine rund um das Bild legen. Die Kinder kennen die Missachtung ihrer Würde, Verlachen und Spott, wenn sie übersehen und abgestempelt werden.

Der gute Umgang, die gestaltende Wertschätzung, Achtung und Freude über das Kind in der Mitte schafft den Raum, um Gottes Verheißung und Zusage aus der Mitte und in die eigene Mitte zu hören. Sie ist Hoffnung und Stärkung für jedes Kind. Doch ist die andere, die dunkle Erfahrung auch ins Bild gekommen. In diesen zweifach geprägten Raum verkünden wir die Botschaft des Jesaja in wenigen, kindgerechten Worten.

Die Zuwendung und stärkende Nähe wird in der ausschwingenden Gestaltung als „Auftrag" deutlich und vollzogen, wenn jedes Kind nicht das eigene Bild und den eigenen Platz schmückt, sondern das Bild des Kindes neben ihm: Für dich mache ich den Platz schön.

## Gestaltung

### Wir bilden den Kreis

- Die Kinder versammeln sich im Stuhlkreis.

Wir sind im Kreis versammelt. Wer ist heute da? Wir schauen in die Runde, lassen die Augen wandern von einem Kind zum anderen.
Wir schließen die Augen und schauen noch einmal. Wer sitzt neben mir? Weiß ich, wer im Kreis sitzt? Kann ich noch alle Kinder sehen? ...

Dann öffnen wir die Augen wieder.

## Wir suchen die Mitte des Kreises

- Ein Kind geht einmal im Kreis rundherum, an allen Kindern vorbei und dann in die Mitte.

Text und Melodie:
Hanni Neubauer

Ich bin in meiner Mitte

- So gehen einige Kinder im Kreis und zur Mitte.
- Die Kinder im Kreis begleiten das gehende Kind, indem sie mit den Füßen den Takt mitstampfen und singen.
- Beim folgenden Mal patschen sie mit den Händen auf die Beine, schließlich tun sie beides zusammen. In dieser Weise gehen alle Kinder mit, selbst wenn sie nicht im Kreis laufen. Sie verstärken zugleich den Rhythmus des Gehens und sammeln sich, ordnen sich selbst so ein.
- Ein Reifen, mit Goldpapier umwickelt, wird in die Mitte gelegt. Der goldene Reifen betont die Kostbarkeit der Mitte.

## Wir schmücken die Mitte um ein Kind

- Die Erzieherin stellt buntes Gestaltungsmaterial bereit und zwar jeweils vier oder acht gleiche Teile, z.B. bunte Scheiben, Edelsteine, bunte große Holzkugeln, blaue Rauten, grüne Dreiecke, goldene Kugeln.

Wir werden jetzt den Reifen schmücken. Dafür liegen die bunten Dinge dort. Wir machen es auf eine besondere Art.

- Die Erzieherin fordert ein Kind auf, in die Mitte zu treten, die Augen zu schließen und zu warten.
- Sie gestaltet mit vier oder acht gleichen Dingen den Reifen um das Kind. Sie beginnt am besten mit vier weißen Spitzendeckchen oder etwas ähnlich Markantem und Größerem und legt darauf je eine goldene oder rote Kugel. Durch diese Vorgabe gibt sie den Kindern die Möglichkeit und Anregung für ein weiteres symmetrisches, geordnetes Gestalten.
  Wenn sie damit fertig ist, ruft die Erzieherin das Kind in der Mitte mit Namen, das die Augen öffnet und schaut, was rundherum gestaltet worden ist. (Den Namen rufen ist im Blick auf die spätere Botschaft wichtig.)

- Nun fordert dieses Kind ein anderes auf, in die Mitte zu treten. Das schließt die Augen und wartet ebenso. Das erste Kind schmückt um das stehende Kind den Reifen mit vier oder acht gleichen Teilen.
- So gestalten viele, bei einer nicht zu großen Gruppe alle Kinder den Reifen. Bei einer größeren Gruppe werden sinnvollerweise immer nur vier gleiche Teile hingelegt.

Du bist ein wertvoller Mensch

Für dich suche ich etwas Besonderes aus

Das ist ein ganz besonderer Moment ...

... ich bin wertgeschätzt und beschenkt!

## Reflexion

*Was kann in dem Spiel angesprochen werden? Welche Bedeutung hat es für die Kinder und die Gruppe? Welche Haltungen werden angesprochen, welche Erfahrungen ins Spiel gebracht?*

*Warten und Empfangen sind die hervorstechenden Erfahrungen. Sie stehen in der Wechselbeziehung zum Gestaltenden: für den anderen etwas aussuchen. Dabei wird jemand eine Vorgabe, die schon da liegt, annehmen, an der Vorgabe weiterbauen. So wird die Welt immer bunter, alle machen sie schöner. Es kann eine besondere Beziehung sein: Ich mache es dir schön, ich suche für dich etwas aus, denn du stehst jetzt in der Mitte.*

*Es wächst durch dieses Gestalten eine kostbare Mitte, weil immer ein Kind in der Mitte steht, für das jemand etwas hinlegt. Mit jedem Kind wird die Welt bunter, reicher, schöner.*
*Wir sagen ohne Worte: Schön, dass du da bist!*

*Ein Kind wird in die Mitte gerufen, es werden ihm die bunten Steine geschenkt. Es macht nicht sich selbst schön, es erkämpft sich nicht den Platz in der Mitte, es tut sich nicht hervor, erhebt sich nicht, stellt sich nicht selbst in die Mitte, in den Mittelpunkt. Vielmehr werden ihm Ansehen und Kostbarkeit von anderen Kin-*

*dern geschenkt. Freilich wird ihm dieses Ansehen, diese Würde geschenkt, weil es so ist. Was die Kinder gestalten, ist eine Antwort auf das Dasein des Kindes. Das Kind ist kostbar. Das Spiel ist eine Anerkennung und gleichsam Offenbarung, ein Bekennen oder eine Zuwendung zu ihm.*
*Ist das immer so?*

*Es werden die Kinder zunächst in die Mitte gerufen, die befreundet sind, doch das Letzte kommt in den kostbarsten Raum. Weil dieses Spiel im Wechsel, in einem Hin und Her geschieht, weil ja gegen die Selbstprofilierung die geschenkte Anerkennung steht und doch diese Anerkennung nicht willkürlich ist, da die Würde „erkannt" ist, bleibt doch ein Raum der freien Gestaltung: Was wird jemand auswählen? Wie wird er mich anerkennen? Was will ich schenken? Nur etwas, damit das Spiel weitergeht? Oder meine Lieblingsfarbe für dich?*

*Die Erzieherin kann diese komplexe Überlegung den Kindern sehr einfach sagen: Schaut, wie schön die Mitte geworden ist. Immer wieder hat ein Kind darin gestanden, wir haben bunte Steine ausgesucht und dazu gelegt. So wurde die Mitte bunter. Ihr habt euch gegenseitig geschmückt, schöne Steinen ausgesucht und dem anderen Kind hingelegt. Mit jedem Kind, mit jedem von euch wird die Welt schöner. Jedes Kind ist kostbar, jedes durfte einmal in der Mitte stehen.*

## Was die Würde und die Kostbarkeit bedroht

Manchmal ist das nicht so.
Wir sagen: „Ich mag dich nicht!" – „Du bist nicht schön!"

- Die Erzieherin legt einen grauen oder schwarzen Bachstein an den geschmückten Kreis.

Wir sagen: „Hau ab, du bist nicht mein Freund!"

- Die Erzieherin legt ein dunkles Chiffontuch an den geschmückten Kreis.

Wir sagen: „Du darfst nicht mitspielen!"

Es gibt Dinge, die rauben mir den Glanz

- Die Erzieherin legt kleine schwarze Steine an den geschmückten Kreis.

*Für uns Erwachsene könnten die Impulse lauten:*
*Nehmen wir uns immer ausreichend Zeit, um ein Kind schön sein zu lassen?*
*„Soll es das doch selber machen!“*
*So hart ist unsere Rede: „Mach was aus dir!“ – „Zeig, was du kannst, dann bist du was!“ Nach jedem ausgesprochenen Satz wird ein Stein abgelegt.*
*Dieses Spiel ist eine pädagogische Anfrage an unseren Umgang miteinander, mit den Kindern, mit den Eltern.*

## Verkündigung der Zusage Gottes

Du bist mein geliebtes Kind, immer und zu jeder Zeit

Wenn da so schwere Steine und dunkle Sachen liegen, dann möchte ich das Licht entzünden, weil Gott uns etwas sehr Schönes sagt.
Es ist eine freudige Botschaft.

- Die Erzieherin entzündet die Kerze.

Ich trage das Licht an allen Kindern vorbei, das Licht, das Gott uns schenkt.

Gott sagt: „Ich kenne dich. Ich rufe dich bei deinem Namen.

Du bist mir kostbar.
Ich liebe dich.
Wenn du Angst hast, bin ich doch bei dir.
Wenn du im Dunkeln gehst, bin ich bei dir.
Wenn du allein bist, bin ich bei dir.
Ich habe dich geschaffen.
Ich halte dich in meiner Hand.
Du bist mir kostbar.“

- Die Kerze wird in die Mitte gestellt.

## Gestaltung und Vertiefung

- Jedes Kind erhält ein rundes Deckchen.
- Die Erzieherin legt ein Foto des Kindes auf dessen Deckchen und nennt dabei das Kind mit seinem Namen.
- Jedes Kind schmückt nun nicht das eigene Bild, sondern das Bild des Kindes rechts neben ihm.

Gott sagt: „Ich kenne dich.

Ich rufe dich bei deinem Namen."

## Gebet

**Guter Gott, danke, dass du jedes Kind kennst.
Danke, dass du jeden von uns wunderbar geschaffen hast.
Danke, dass du bei mir bist, wenn ich allein bin und Angst habe.
Danke, dass jedes Kind im Kreis dir kostbar ist.
Guter Gott, wie groß bist du!
So groß bist du, dass du jedes Kind kennst
und auch das Kleine liebst. Amen.**

## Material

**geschmückter Rhythmikreifen, ausgewähltes Gestaltungsmaterial immer vier- oder achtfach, vier markante Zeichen für den Anfang der Gestaltung, farbige, runde Deckchen nach Kinderzahl, Gestaltungsmaterial für die Kinder, Kerze**

Text und Melodie:
Burgi Mitterreiter
Satz: Franz Mitterreiter

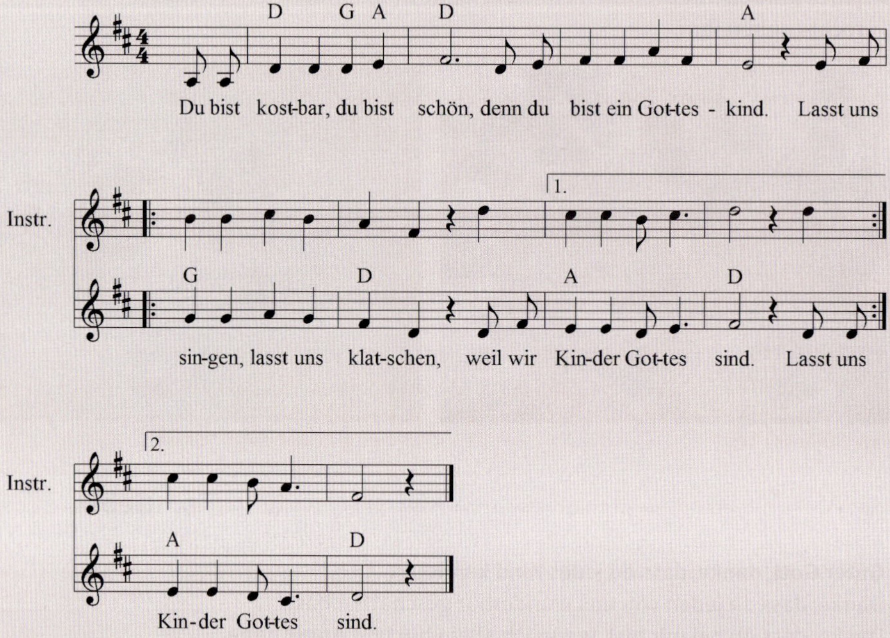

# Abraham, zieh fort!

## In Gottes Namen unterwegs

Text: P. Meinulf Blechschmidt

**Zwei besonders markante Abschnitte aus der Geschichte Abrahams möchten wir erzählen. Noch heißt er Abram, später wird er Abraham genannt, das heißt „Vater der Menge". Wir gestalten die Einheiten mit größeren Kindern, Schulkindern oder auch mit Erwachsenen. Sie führen in wesentliche Haltungen, die auch ins Nachdenken kommen dürfen. Wo stehe ich in der Geschichte? Wie geht mein Weg des Glaubens?**

**Wir wählen diese Abschnitte für ein adventlich geprägtes Heft. Sind sie – zusammen gelesen – eine adventliche Erzählung? Sicher kann diese Erzählung zu jeder anderen Zeit, wie der Lehrplan vorschreibt, ihren Platz haben, doch sie enthält Elemente, die sie im Sinne eines ganzheitlichen Weges der Vermittlung für die adventliche Zeit besonders geeignet sein lassen.**

Wesentliche Grunderfahrungen klingen an: da sein, hören, gehorchen, vertrauen, staunen und glauben. Haltungen, die den Advent prägen, wenn er eine Zeit der Erwartung Gottes sein soll; nicht zu vergessen das suchende Fragen im Dunkel eines Weges, der sich nicht vom Menschen, sondern von Gott her eröffnet.

Abraham hört auf einen Ruf Gottes. Er gehorcht. Er zieht aus vertrautem Land und Leben fort. Er lässt sich führen. Er fragt wie ein Suchender: Wo ist das Land, das du mir zeigen willst? Er geht mit einer Erwartung auf Größeres, auf zahlreiche Zukunft und wartet wie in die dunkle Nacht hinein. Bekommt er ein Zeichen?

Gott lässt ihn die Sterne schauen – die ungeheure Weite des großen Sternenhimmels, den man nicht greifen und fassen kann, der weit weg ist und sich doch über uns wölbt, der eine Gleichmäßigkeit des Aufgangs und Untergangs hat und darum von „göttlicher Treue" zu sprechen scheint. Sterne leuchten wie aus unendlicher Ferne und zeigen doch Kundigen den Weg durch die Wüsten und über Meere.

Darin liegt die Verheißung Gottes: So zahlreich werden deine Nachkommen sein. „Und Abram glaubte." So kurz, so knapp endet diese nächtliche Vision.

Abram sieht die Sterne am Himmel, glaubt Gottes Wort, seiner Verheißung. Wann ist die Zeit erfüllt? Die Könige sehen den Stern; sie folgen ihm und finden Gott – den Christus, das kleine Kind. Jetzt erfüllt sich die Verheißung, die Zeit: Himmel und Erde berühren sich. Die Fülle Gottes wohnt in Christus. Und wir werden zu Nachkommen Abrahams gerufen, sein Volk, Kinder Gottes und Erben des Himmels.

Schauen wir später auf das Märchen „Die Sterntaler", so sehen wir die Sterne vom Himmel fallen. Das Kind wird reich und hat für sein Lebtag genug. Der Himmel fällt auf die Erde, das Himmelreich ist nahe.

## Gestaltung

### Wir versammeln uns – Ich bin da

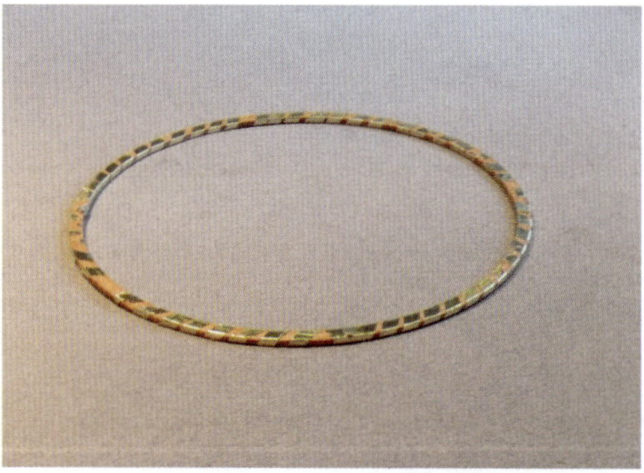

Die Mitte verbindet uns

- Wir bezeichnen die Mitte und wir runden den Kreis: Ein Reifen wird in die Mitte gelegt. Wir richten unseren Sitzkreis entsprechend aus.
- Wir schauen, wer heute mit uns da ist.
- In einer kleinen Eutonieübung führen wir die Kinder zum Da-sein:

Jeder hat seinen Stuhl, seinen Platz.
Wir erheben uns und stehen auf.

Wir stellen uns auf unseren Platz, vor unseren Stuhl.

Wir stehen auf unseren Füßen.
Wenn wir uns ein klein wenig nach rechts und links bewegen, spüren wir einmal den einen Fuß mehr, dann den anderen.

Jetzt stehe ich still auf meinen beiden Füßen.

Ich stehe auf dem Boden.
Ich stehe sicher. Der Boden trägt mich
wie das Haus, wie einen Baum.
Meine Füße sind dem Boden ganz nah.

Der Boden, die Erde gibt mir Halt.
Die Füße tragen die Beine, die Beine tragen das Becken, das Becken trägt die Wirbelsäule, die Wirbelsäule trägt die Schultern, die Schultern tragen den Hals, der Hals trägt den Kopf.
Mein Scheitel weist zur Decke hin, zur Sonne, zum Himmel.

Ich stehe da auf meinen Platz, sicher, fest und gerade.
Hier kann ich Wurzeln schlagen ...

Wir setzen uns wieder,
versuchen weiterhin, den Boden zu spüren,
den Stuhl und die Lehne.

Auch so sage ich: Hier bin ich. Ich bin da.

## Ich bin zu Hause

### Mein Haus bewohnen und gestalten

- Jedes Kind wählt ein buntes Tuch aus.
- Wir formen mit dem Tuch ein einfaches Haus: das Tuch quadratisch falten und vor sich zu einem Haus formen. Die Dachspitze weist zur Mitte hin.

### Eutonie – Ich bin da bei mir zu Hause

Ein Haus, das erkennen wir schnell am spitzen Dach.

- Alle Kinder heben die Hände zu einem Dach über den Kopf.

Das Dach schützt uns.
Es hält die heiße Sonne fern und schützt vor dem Regen.

Wenn wir ein Haus bauen, fangen wir dennoch nicht beim Dach an, sondern unten, beim Fundament, das man später nicht mehr sieht.
Das Fundament wird in die Erde gelegt. Das Haus soll fest auf der Erde stehen.

Bauen wir ein Haus und stellen unsere Füße auf den Boden, den einen Fuß und den anderen.
Wir spüren vielleicht die Zehen und die Fußsohlen. Sie sind nah am Boden.

Wir können die Augen schließen, dann sehen wir besser bis unten hin.

Von unten, vom Fundament, gehen wir langsam nach oben, hinten am Bein entlang zur Kniekehle,
und weiter bis zum Becken, zum Stuhl. Dort sitze ich sicher.

Wir können jetzt die Mauern aufbauen: Den Rücken wie eine Mauer, Wirbel um Wirbel nach oben, am Hals entlang, am Hinterkopf vorbei zum Scheitel.
Er ist wie das Dach, das zur Sonne weist.

In meinem Haus ist Platz. Der Atem geht aus und kommt wieder.
Er steigt hinunter, er geht bis in die Schultern.
Er geht aus und kommt wieder und erfüllt mein ganzes Haus.

Ich schaue in mein Haus. Wie sieht es innen aus?
Sind die Türen offen? Ist es darin hell?
Wer ist noch in meinem Haus?
Ich gestalte mein Haus. Was will ich hineintragen?

Was macht mein Haus aus, wie wirkt es?

**Wir gestalten unser Haus**

- Differenziertes Gestaltungsmaterial wird bereitgestellt.
- Jeder gestaltet sein eigenes Haus: Hier bin ich zu Hause!

## Ich gehe fort aus meinen Haus und kehre zurück

Wir schauen unser Haus an.

- Wir schließen die Augen.

In wohne in einem Haus. Ich wohne mit anderen zusammen.
Von diesem Haus bin ich heute aufgebrochen. Ich bin aus dem Haus gegangen, ich habe die Tür geschlossen und bin hierher gekommen.

Jeden Tag gehe ich aus dem Haus. Und das Haus steht und wartet auf mich.
Ich kehre zurück, ich trete ein. Ich sage: Es ist schön, wenn ich zu Hause bin.
Welche Wege gehe ich? Wohin gehe ich?

Wenn ich zurückkomme, wer öffnet mir die Tür? Öffne ich und schließe ich selbst?

- Wir öffnen wieder die Augen.

Ich breche aus meinem Haus auf. Wohin?
Was suche ich? Wovon träume ich? Wohin will ich gehen?

- Die Leiterin geht einmal einen Weg im Stuhlkreis. Sie beginnt bei ihrem Haus, geht an allen Häusern vorbei und dann mehr nach innen in der Art einer dreiviertel Spirale. Sie geht bis in die Mitte, tritt in den Reifen. Dann geht sie direkt zurück auf ihren Platz.
- Es können noch zwei, drei weitere Kinder so aufbrechen und zur Mitte gehen.
- Schließlich gehen alle den Spiralweg mit der Handbewegung nach, erst ausladend, vieles mitnehmend, dann enger bis zur Mitte.

## Ich werde gerufen, stehe auf und gehe fort

Wir wissen, wie der Weg von einem Haus zur Mitte gegangen wurde: Da ging jemand erst weit hinaus, dann im Bogen immer enger, schließlich trat er in die Mitte.

- Die Spirale ist nicht mit Tüchern gelegt, sie ist nur in der Erinnerung vom „Vorgehen". „Der Weg und das Land" bleiben insofern noch unbestimmt.
- Ein Kind im Kreis wird mit Namen gerufen: „N., steh auf!" Es steht auf, stellt sich vor sein Haus. Das Kind wird in sein Inneres geführt:

Vertraue – und geh deinen Weg!

Es ist dir verheißen: Du kommst an!

Du schließt die Augen. Du denkst daran: Ich bin in meinem Haus, ich bin zu Hause. Hier bin ich sicher, hier ist es gut.

Wenn du jetzt einen feinen Ton hörst, öffnest du die Augen und gehst auf dem Weg, den die anderen Kinder vorgegangen sind.
Ein weiter Weg, eine Spirale im Kreis bis in die Mitte. Wenn du den Ton nicht mehr hörst, bleibst du stehen und schließt die Augen. Wenn ein neuer Ton kommt, öffnest du die Augen und gehst wieder etwas weiter.

- Das betreffende Kind hört dann einen feinen Glockenton. Es öffnet die Augen und geht mit offenen Augen den „Spiralweg", solange es den Ton hört. Dann bleibt es stehen, schließt die Augen und wartet auf den neuen Ton. So kommt es langsam in einer Spirale zur Mitte.
  (Andere Kinder wiederholen die Erfahrung.)

***Was war das? Da hat ein Kind seinen Namen gehört und ist losgegangen, aber nur so lange es den Ton gehört hat. Wenn es still wurde, ging es nicht weiter. Es musste warten. Wann kommt der Ton? Wann muss ich, darf ich weiter gehen? Ich möchte gern weitergehen.***

## Wir hören von Abram

**Erzählung: Abram, zieh fort! (Gen 12,1-4)**

- Still wird ein ockerfarbenes Tuch in den Reifen gelegt. Es erinnert uns an einen kargen Boden, an die Wüste, an Trockenheit.

Ich will erzählen von einem, der in einem fernen Land wohnt,
in Ur in Chaldäa.
Er lebt in seinem Vaterhaus,
hat eine Frau und viele Verwandte, aber keine Kinder.
Er ist reich und besitzt viele Herden, Kamele und Schafe.

Dieser Mann heißt Abram.
Er sorgt für seine Familie und die Knechte und Mägde. Er ist gerecht.
Er lebt vor Gott.

Eines Tages geschieht es: Gott ruft den Mann, den Abram:
„Abram, zieh fort aus deinem Vaterland, aus deinem Vaterhaus,
aus deiner Verwandtschaft,
und geh in das Land, das ich dir zeigen werde.
Ich will dich zu einem großen Volk machen.
Ein Segen sollst du sein für alle Völker."

Da zieht Abram fort, wie Gott es ihm gesagt hatte.
Er zieht in die Richtung, wo die Sonne untergeht, nach Westen, in das Land Kanaan.
Er durchwandert weite Gegenden, Tag um Tag, viele Jahre lang.

Abram ist unterwegs. Er schlägt seine Zelte auf.

- Zwei braune Tücher als Zelte in die Mitte, in den Reifen, stellen.

Im Niemandsland auf Gottes Wegen

Dann bleibt er eine Zeit dort, bis er wieder aufbricht und weiterzieht und für seine Herden andere Weideplätze sucht.

Immer wieder betet er, wenn es still wird, wenn er vor seinem Zelt sitzt oder in der Nacht: „Gott, zeig mir das Land, in das ich ziehen soll! Sag mir, wann komme ich an?“
Er durchwandert das Land Kanaan in alle Himmelsrichtungen.

## Gott, was kannst du mir noch geben?
## Abram unter dem Sternenhimmel (Gen 15,1-6)

Wie heiß ist oft der Tag, die Sonne brennt vom Himmel, die Luft flimmert. Nach jedem Tag zieht die Nacht herauf, die Sonne geht unter, es wird kühler.

Diese Nacht birgt Gottes Erfüllung

- Ein nachtblaues Tuch entfalten, langsam zur Mitte hin tragen und dort am Reifen ablegen; dann weitere Tücher aufgehen lassen und rund um die Mitte ausbreiten.

Die Nacht ist heraufgezogen. Dann geht Abram in sein Zelt.
In der Nacht ist es so still. Abram denkt zurück an den Weg. Wie lang war heute der Weg? Haben die Tiere genug Futter gefunden, genügend Wasser?
Wo sind wir jetzt? Ziehen wir morgen weiter?

Dann denkt er an alles, was Gott ihm gesagt hat.
„Zieh fort aus deinem Vaterhaus, aus deiner Familie. Geh in das Land, das ich dir zeigen werde.
Ich will dich zu einem großen Volk machen.“

Wie wird es weitergehen? Ein großes Volk! Viele Kinder soll ich haben, hat Gott gesagt.
Und ich habe doch nicht einmal ein Kind. Meine Frau und ich, wir sind allein.

Da wird er still und traurig. Es ist dunkle Nacht um ihn.
Die vielen Fragen sind dunkel in ihm.

In dieser Nacht spricht Gott ihn an und sagt:
„Abram, ich bin dein Schild und dein Beschützer.
Dein Lohn wird sehr groß sein."

Da sagt Abram zu Gott: „Mein Gott, was kannst du mir noch geben, da ich ja ohne Kinder bin?"

Da antwortet ihm Gott:
„Abram, geh hinaus in die Nacht vor das Zelt."

Abram geht hinaus, er steht vor dem Zelt.
Er sieht in die dunkle Nacht, schaut zum weiten Himmel auf.

- Wir hören auf dem Glockenspiel, wie ein Stern aufleuchtet.

Da leuchtet ein Stern am dunklen Himmel –

- Ein großer Stern (aus einem Chiffontuch) wird abgelegt.

Sternstunde!

... und noch einer, ... und wieder einer –

- Vier bis sechs große, goldene Kugeln werden in die Nacht gelegt.

und rundherum leuchten die Sterne vom dunklen Nachthimmel.

- Mehrere kleinere, goldene Kugeln kommen dazu. Schließlich werden unzählig viele kleine goldene Kugeln (z.B. von zerschnittenen Weihnachtsgirlanden) hingestreut.

Unzählig viele Sterne!

Nachts am Himmel tausend Sterne

Abram wird still und staunt:
„Der große Himmel über mir – und vor mir – und hinter mir.
So groß, so weit
und ich darf das alles sehen!
Der weite Himmel wie ein Sternenzelt über mir und um mich.
Gott, wie groß bist du,
der du doch über allen bist und alles gemacht hast!"

Da sagt Gott zu Abram: „Zähl die Sterne, wenn du sie zählen kannst!
So zahlreich werden deine Nachkommen sein."

Und Abram ist still und staunt.
Er glaubt (was Gott ihm verheißt und sagt).

- Noch einige Töne weiterspielen, das Staunen in der Stille ausklingen lassen.
- Große Kerze wird zur Mitte gestellt.

Abram glaubt: „Gott, du bist da. Du gehst mit mir.
Du wirst erfüllen, was du mir verheißen hast.
Du zeigst mir den Weg. Du lässt mich nicht allein.
Gott, du bist treu."

## Gestaltung

- Wir gestalten unseren eigenen Weg, einen Weg vom eigenen Haus weg zur Nacht in der Mitte.
- Mit einem kurzen Gebet schließen wir:

**Wir gestalten einen Weg. Gott, du gehst mit. Du bist da und verlässt uns nicht. Amen.**

Wenn der Himmel auf die Erde kommt, dann erfüllt sich das Leben

## Material

**Reifen, kleine, nachklingende Glocke, Tücher: farbige für jedes Kind, acht bis neun nachtblaue, ein ockerfarbiges, zwei braune, drei bis vier gelbe Chiffontücher, große Goldkugeln, sehr viele kleine Goldkugeln, Kerze, Gestaltungsmaterial**

## Zum Nachdenken: Abram

Im Nachhinein ist es gut, nochmals auf Grundhaltungen und Erfahrungen zu schauen, sie zu bedenken, die die Geschichte eröffnen und von ihr angesprochen werden.

### Jeder Mensch ist „woher"

Aus der Lebensberatung ist bekannt, dass es ein großes Leid ist, wenn jemand Vater oder Mutter nicht kennt und folglich zu seiner Herkunft auch keine Stellung beziehen kann.

In dieser Erfahrung liegt ein Verlust und spiegelt sich ein tiefes Gefühl wieder: Ich bin nicht angenommen, ich werde nicht angeschaut. Wer rief ursprünglich meinen Namen? Wer rief ihn in Zuwendung zu mir? In diesem „Hören" des Namens bahnt sich an, wem ich „ge-höre" und für wen ich gehe.

### Jeder Mensch ist „in Bewegung"

Ich bin von woher und kehre dorthin zurück, ich bin unterwegs und weiß im Zurückkehren um das Bleiben. Die Bewegung ist nicht ewiges Werden, sie geht auf ein „Bleiben" oder Verweilen.
Ich breche von zu Hause auf und komme dorthin zurück.
Das Haus (zu Hause) ist bergender Ursprungsgrund als ein Abbild der Mutter und Familie, der personalen Beziehung meines Wohers und Bleibens.

### Jeder Mensch ist auch „wohin"

Ich bin auf dem Weg und Neues wird. Ich selbst gestalte Neues, gründe einen neuen Hausstand ...

„Aufbruch" im strengen Sinne gibt es nur, wenn es ein „Da-sein" gibt, ein Zuhause. Das Wohin entspricht dem Selbst-sein. Es gibt eine tiefe Sehnsucht, „zu sich selbst zu kommen".

## Unser Haus

Welches Haus legen wir (in der Übung)? Es ist ein vielschichtiges Tun. Wir gestalten etwas vom tatsächlichen oder vom gewünschten Haus, vom tatsächlich gewünschten.
Vielleicht drückt jemand zugleich einen Traum aus, ein anderer die existentielle Sehnsucht, die zu unserem Menschsein (verborgen) gehört, ein inneres Wissen um das Zuhause gegen jede Enttäuschung.

Es gibt ein erstes Aufbrechen aus dem Haus des Mutterschoßes, der lebensnotwendigen Geborgenheit, ein Aufbrechen in das Unbekannte und Fremde mit einem letzten Ziel des Lebens-Weges, wieder end-gültig geborgen zu sein, weil der Mensch sonst nicht „da sein" kann. Es ist der Weg auf die Verheißung Gottes von erfüllter Geborgenheit zu.

## Vorbereitung von Aufbruch und Weg in einer Erfahrung

Das Wort: „Zieh fort aus deinem Vaterhaus" wird im „Zuhause-sein" vorbereitet, nicht in der grenzenlosen Mobilität. Es kommt in den Blick und die Erfahrung im Bild vom Wert (!) des Hauses, nicht vom Unwert etwa eines zu engen, überflüssigen, beengenden Hauses, nicht im Bild der Flucht vor der Familie.

Nur im Wert des Zuhauses wird das Fortziehen in seiner existentiellen Tragweite erschlossen. Denn das Fortziehen hat ja ein Ziel. Es gibt ein neues Zuhause, ein neues, noch unbestimmtes Bleiben und „Gegründet-sein".

## „Das Land, das ich dir zeigen werde"

Gott ruft nicht zum manipulierbaren, mobilen Neuzeitmenschen, immer verfügbar, weil nie verwurzelt, funktionierend in immer neuen Geschäfts- und Produktionszusammenhängen, sondern zu einem Land, das wesentlich von ihm gezeigt, das heißt von ihm bestimmt ist. Es wird „sein Land" sein.

## „Geh!": Der Weg

Der Weg, den wir außen gestalten, wird zu einem personalen Weg, nämlich in der Begegnung. Diese vollzieht sich spielerisch: angesprochen werden –

hören – vertrauen – gehorchen – gehen – fragen; und wieder: hören – vertrauen – glauben – gehen.

Das Hören auf den Namen und das Gehen im Hören auf den Ton, das Warten und Sich-neu-orientieren, das alles bereitet das Gespür für den Glauben, das Vertrauen Abrams vor, der hört und geht, der so glaubt.

## Abram glaubt

Sein Glaube ist zuerst bedingungslos, ohne Frage, völlige Offenheit gegenüber Gottes Anruf.

Später kommt Zweifel: Was kannst du (!) mir noch geben, gemessen an deiner (!) eigenen Verheißung?

Wie wird die Frage beantwortet? Die Frage, diese Glaubens-Frage, der Zweifel wird nicht durch Argumentation beseitigt, Glaube wird nicht aufgelöst in Wissen. Der fragende Glaube wird durch größeren Glauben beantwortet: „Zähl die Sterne, wenn du sie zählen kannst." Und Abram glaubte.

## Das Staunen bereitet diesen wachsenden Glauben

Abram erschaut gleichsam die Größe Gottes, wenn er in die Nacht und Weite des Himmels schaut und er wagt den Übergang zum persönlichen Glauben in seiner Gottesbeziehung: „Der große Gott hat Großes mit mir vor."

Im Staunen über die Weite und Größe des Himmels, im positiven (!) Staunen, nicht im Schrecken des dunkel Unheimlichen und Feindlichen, in diesem weiten Staunen öffnet sich Abram, um Großes von Gott zu empfangen.

Glauben ist ein Ja zu Gott, dem Unfassbaren,
aus dem Staunen über Gott,
nicht ein kleinliches „Ja" aus dem Schrecken vor ihm.

# Die Sterntaler

## Wenn das Himmlische auf die Erde fällt

**Text: Sr. Esther Kaufmann**

**Dieses Märchen hat einen sehr radikalen Klang, denn das Mädchen verschenkt alles, was es hat. Wir können mit Ernst fragen: Können wir dies den Kindern erzählen? Kann und darf man alles verschenken? Ist das nicht leichtsinnig und völlig unrealistisch? Muss man nicht an sich selber denken? Müssen unsere Kinder nicht gerade lernen, für sich selbst Sorge zu tragen, die Dinge zusammenzuhalten? Wie schwer ist der Weg zum verantwortlichen Sorgen, kritischen Hinterfragen von Begegnungen, angemessener Wohltätigkeit. Selbstlosigkeit ist dort leicht zu vollziehen, wo man im Überfluss lebt, nichts fehlt, sodass es uns nicht weh tut, wenn wir einmal etwas abgeben.**

**Doch in unserem Märchen geht das Mädchen Schritt für Schritt ins dunkelste Elend. Es hat nichts mehr – nicht einmal Vater und Mutter, es hat kein Haus, nur das Allernötigste, was es auf dem Leib trägt, und nur noch ein Stückchen Brot, Erinnerung an ein mitleidiges Herz. Wie lange wird das vorhalten? Was es besitzt, ist einzig das Vertrauen auf Gott.**

**Aus diesem Vertrauen auf Gott gibt es dem Bedürftigen, gibt es mehr und mehr, gibt es alles.**

So sind wir dem Evangelium von den Lilien auf dem Feld sehr nahe. „Sorgt euch nicht, um das, was ihr essen und anziehen sollt, sucht zuerst Gottes Reich." Auch das schwere Wort aus dem Korintherbrief klingt mit: „In seiner Macht kann Gott alle Gaben über euch ausschütten, sodass euch allezeit in allem alles Nötige ausreichend zur Verfügung steht und ihr noch genug habt, um allen Gutes zu tun" (2 Kor 9,8). Man beachte die Häufung des Wortes „alle".

Das Mädchen geht in seinem Gottvertrauen einen dunklen Weg. Es geht bis in die letzte Bedürftigkeit und wahre Ausgeliefertheit: nackt und bloß, im dunklen Wald.
Dieses Vertrauen, diese Armut bewegen, erschüttern den Himmel.

Er öffnet sich dort und beschenkt das Mädchen. Ein Linnenkleid und die Sterne fallen vom Himmel – wie goldene Taler. „Und hat für sein Lebtag genug." – Lebensfülle!

Spätestens hier sagen wir: Ja, ein Märchen, es ist zu wunderbar.
Gerade mit diesem „Anstoß" erzählen wir Märchen und lassen sie so stehen, wie sie geschrieben sind. Sie wirken auf uns und auf die Kinder sicherlich auf unterschiedliche Weise. Fragend, tröstend, selbstkritisch, hoffend ...
Wenn wir von dem Weg der Armut und von der Erfüllung des Lebens hören, die dem Mädchen in der letzten Dunkelheit zufällt, beginnt neu das Fragen, wo wir auf diesem Weg sind, ob und wann wir unseren Blick und den der Kinder öffnen für die Bedürftigen und unsere Hände frei werden zum Geben.

Nur ein Märchen? Oder doch ein Blick auf die letzte Wahrheit, die uns verheißen ist als neue Welt, Gottes Reich? Es ist naheliegend, eine Beziehung zum Evangelium, zu Jesus Christus, herzustellen.

Wo fällt der Himmel auf die Erde? Wo bewegt die Liebe eines Menschen den Himmel und die Erde? Wo begegnen einander Himmel und Erde? Wo ist die Weggabe nicht sinnlos, sondern wird zur Fülle?

Im Laufe des Jahres gibt es eine „dunkle Zeit", in der wir von Sankt Martin und der heiligen Elisabeth hören, eine Dunkelheit, die sich im Advent verdichtet, wo die Rufe und Bitten der Armen lauter werden und auf vielfache Weise uns vor Augen kommen. Und plötzlich befriedet das „Geben", das Schenken, auch wo wir nichts zurückbekommen.

Darum könnten wir dieses Märchen weiterführen im Rahmen einer Wortgottesfeier oder eines Familiengottesdienstes, weil es so unmittelbar in Beziehung steht zu den Worten der letzten Fragen Jesu, der existentiellen Fragen nach dem, was bleibt: „Ich war nackt und ihr habt mich bekleidet." Und wenn wir fragen: Wo?, sagt er: „Was ihr dem Geringsten meiner Brüder getan habt, das habt ihr mir getan. Darum nehmt das Reich in Besitz – das Himmelreich – das für euch bereitet ist." (vgl. Mt 25,35-41)

# Gestaltung

## Das helle Haus

- Wir legen in die Mitte des Kreises mit einem gelben Tuch ein Haus.

Wir sehen ein helles Haus.
Mit den Händen können wir das Haus zeigen:
das Dach, ein offenes Haus, ein Haus, das birgt.

Wir schließen die Augen und suchen ein helles Haus.
Wie sieht es aus?
Wo bin ich in dem hellen Haus?
Wer wohnt darin?
Was sagt dieses Haus?

Mein Haus hat Mauern und ein Dach

- Nach dem Augenöffnen tritt ein Kind in das helle Haus. Es schließt die Augen und wartet.
- Es wird von einem anderen Kind zart am Handrücken angerührt.
- Ein weiteres Kind tritt in das helle Haus. Es schließt die Augen und wartet, bis es still wird.
- Die anderen Kinder stellen sich rundherum. Wenn das Kind in der Mitte die Augen öffnet, singen sie:

Was rührt mich an?

Friede wohne in deinen Mauern

Text und Melodie:
Franz Mitterreiter

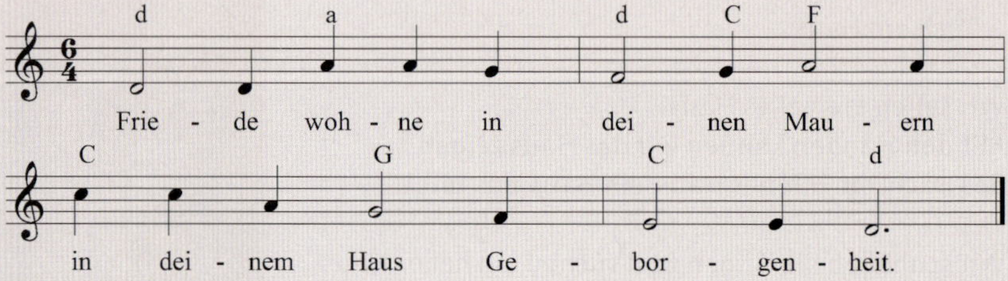




- Diese verschiedenen Übungen werden wiederholt.

## Fortgehen und Heimkommen

Ich bin „der auf dem Weg ist"

- Wir legen mit fünf braunen Tüchern einen Weg, der vom Haus wegführt.

Ein Weg, wohin führt er?
Wir wissen es noch nicht.
Ein Weg, wie wir viele Wege gehen.
Wir gehen fort und kommen wieder.

- Ein Kind tritt ins Haus und geht dann auf dem Weg vom Haus fort und kommt wieder zurück.

## Ein schwerer Weg

Was ist das für ein Weg?

- Steine, Zapfen und Dornen (trockenes, schweres Material) werden auf den Weg und an den Weg gelegt.

Der Weg ist braun, Steine und Zapfen, Dornen liegen auf dem Weg.
Es ist ein schwerer Weg.
Wohin führt dieser schwere Weg?
Niemand geht gern solche Wege.

- Mit sechs bis sieben grünen Tüchern, die wir wie Bäume aufstellen, entsteht am Ende des Weges ein Wald.

Manchmal geht es schwer

Der Weg führt in den Wald.

## Das dunkle Haus

- Ein schwarzes Tuch wird schweigend über das helle Haus gelegt. Das gelbe Haus ist total verdeckt. Was ist geschehen?
- Kinder äußern ihre Eindrücke: Das Haus ist verschlossen, es ist Nacht, die Menschen sind traurig, da ist Streit, ein Kind ist krank, es ist jemand gestorben, das Haus ist verlassen ...
- Diese Äußerungen nehmen wir in die Gebärde auf: Wir lassen die Arme kraftlos hängen, wir neigen den Kopf, es wird dunkel, wir verschließen die Hände vor dem Gesicht, u.a.

Was ist da wohl geschehen?

## Erzählung „Die Sterntaler“ (Gebrüder Grimm)

Es war einmal ein kleines Mädchen, dem war Vater und Mutter gestorben, und es war so arm, dass es kein Kämmerchen mehr hatte, darin zu wohnen, und kein Bettchen mehr, darin zu schlafen, und endlich gar nichts mehr als die Kleider auf dem Leib und ein Stückchen Brot in der Hand, das ihm ein mitleidiges Herz geschenkt hatte. Es war aber gut und fromm.

Und weil es so von aller Welt verlassen war, ging es im Vertrauen auf den lieben Gott hinaus ins Feld.

Da begegnete ihm ein armer Mann, der sprach: „Ach, gib mir etwas zu essen, ich bin so hungrig."

- Klopfen mit der Holzblocktrommel

Es reichte ihm sein ganzes Stückchen Brot und sagte: „Gott segne dir's",

- Feiner Zimbelton

und ging weiter.

Da kam ein Kind, das jammerte und sprach: „Es friert mich so an meinem Kopfe, schenk mir etwas, womit ich ihn bedecken kann!"

- Holzblocktrommel

Da tat es seine Mütze ab und gab sie ihm.

- Zimbelton

Und als es noch eine Weile gegangen war, kam wieder ein Kind und hatte kein Leibchen an und fror: „Hilf mir doch, es ist mir so kalt!"

- Holzblocktrommel

Da gab es ihm seins.

- Zimbelton

Und es ging weiter, da bat ein Kind: „Hilf mir doch, es ist so kalt, gib mir dein Röckchen!"

- Holzblocktrommel

Da gab es auch das Röckchen.

- Zimbelton

Endlich gelangte es in einen Wald, und es war schon dunkel geworden.

- Fünf bis sechs schwarze Tücher mit einigen Kindern entfalten und die Nacht heraufziehen lassen.
- Mit den schwarzen Tüchern den Wald einhüllen. Die schwarzen Tücher teils auch zwischen die Bäume legen.

Da kam noch ein Kind und bat: „Gib mir doch dein Hemdlein, mir ist so kalt!"

Im Dunkeln ist das Licht verborgen

- Holzblocktrommel

Das fromme Mädchen dachte: „Es ist dunkle Nacht, da sieht dich niemand, du kannst wohl dein Hemd weggeben, und zog das Hemd aus und gab es auch noch hin.

- Glockenspiel

Und wie es so stand und gar nichts mehr hatte, fielen auf einmal die Sterne vom Himmel.

- Mit gelben Chiffontüchern Sterne formen und sie langsam, nacheinander in die Nacht hinein legen.
- Mit dem Glockenspiel untermalen.

Die Sterne waren wie harte und blanke Taler.

- Goldene Kugeln in die Nacht legen.

Und obwohl es sein Hemdlein weggegeben, so hatte es ein neues an, und das war vom allerfeinsten Linnen.

Ein Geschenk des Himmels

- Ein weißes Tuch in den dunklen Wald legen, Goldperlen darauf schütten.

Da sammelte es sich die Taler hinein und war reich für sein Lebtag.

## Ausschwingende Gestaltung

- Die Kinder verweilen in der Geschichte. Sie gestalten noch Sterne in die Nacht oder legen Zeichen der Liebe auf den Weg.

Ein Hoffnungsstern für dich ...

... ein Hoffnungsstern für mich!

- Weiterführung des Märchens mit einer biblischen Botschaft:

## Die Frohe Botschaft

Wie arm wurde das Mädchen, weil es alles weggab, alles verschenkte.
Und dann sehen wir: Die Sterne, der Himmel fällt auf die Erde.
Wo fällt der Himmel auf die Erde?

- Die Jesuskerze wird entzündet und zwischen die Sterne in die dunkle Nacht gestellt.

Ich sehe das Licht. Ich denke an Jesus.
Jesus sagt: „Ich war nackt, und ihr habt mich bekleidet.
Darum nehmt das Himmelreich in Besitz, das für euch bereitet ist.

Denn was ihr dem Geringsten meiner Brüder und Schwestern getan habt, das habt ihr mir getan." (vgl. Mt 25,35-40)

- Wir entzünden Opferlichte. Jedes Kind erhält ein Opferlicht.

Das Mädchen hat Stück für Stück alles weggeschenkt. Eine große Liebe!
Die Liebe des Mädchens leuchtet auf in der dunklen Nacht.
Wo die Liebe wohnt, da wohnt Gott, da ist Gottes Reich.
Wo die Liebe ist, da ist Gott ganz nah.

- Wir stellen die Lichter in die Nacht zu den Sternen.

Wer mir nachfolgt, wird das Licht des Lebens haben

Wo Liebe und wo Güte, da wohnt Gott

## Material

**Stofftücher: ein gelbes, fünf braune, fünf bis sechs schwarze, sechs bis sieben grüne, ein weißes; ein gelbes Chiffontuch; trockenes, dunkles Material: Zapfen, Dornen, Steine; Holzblocktrommel, Zimbel, Glockenspiel, große goldene Kugeln, viele kleine Goldperlen, Kerze, Opferlichte für jedes Kind**

Text: Burgi Mitterreiter
Melodie: Franz Mitterreiter

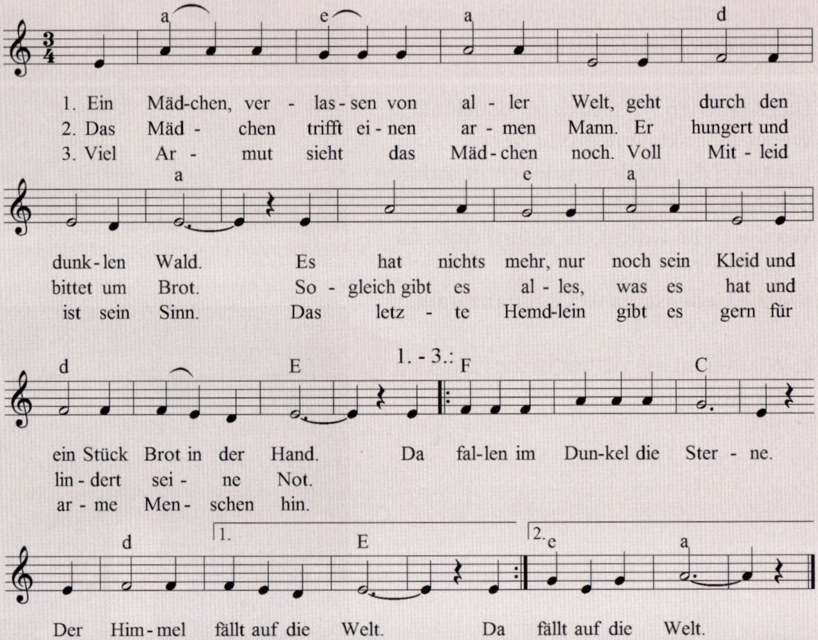

# Der erste Strohstern

## Zur Kindersegnung

**Text: P. Meinulf Blechschmidt**

**Es ist vielfach Brauch, am Tag der Unschuldigen Kinder oder sonst in der weihnachtlichen Zeit eine Kindersegnung zu feiern, nicht so sehr wegen der unschuldigen Kinder, sondern weil Gottes Sohn ein Mensch wird, und das heißt zunächst, ein Kind. Das Kind ist darum in dieser Zeit besonders im Blick. Die anwesenden Kinder sind oftmals sehr unterschiedlichen Alters. Entsprechend schwierig ist eine Gestaltung, in der die Kinder angesprochen werden können, denn die ganz Kleinen werden im Glauben und im Gebet der Eltern zum Segen in die Kirche getragen, aber nicht zur Katechese oder Verkündigung, die Kindergartenkinder oder Schüler dagegen sind wach, um auch etwas Weihnachtliches zu hören.**
**Es ist gut, für eine solche Feier ein Zeichen aus dieser Zeit in den Blick zu rücken und so das Brauchtum oder die Festbotschaft nochmals zu verdeutlichen, um dann die Kinder unter diesem Zeichen zu segnen. Durch eine kleine Erzählung können sie Jesus Christus, dem uns geborenen Kind, Herrn und König näher kommen.**

Die kleine Erzählung „Der erste Strohstern“ schaut auf den Strohstern, auf ein ganz und gar gewöhnliches Brauchtum, Strohsterne zu basteln.
Wie stehen sie mit der Geburt des Herrn in Beziehung? Sie sind aus Stroh, „nur Stroh“! In dieser „Armut“ entsprechen sie der üblichen Frage der Hirten: „Was kann ich dem Kind schenken? Ich habe doch nichts!“ Die zweite Aussage ist ebenso die immer neue und alte Botschaft: „Bring ihm deine Armut! Das ist seine Freude.“ Beides kann uns wieder helfen, das Festgeheimnis im Strohstern aufleuchten zu lassen, dass auch wir einander in der Einfachheit und Herzlichkeit näher kommen als durch große Geschenke. Jesus selbst kommt in seiner Armut zu uns.

Wir schauen darum das Stroh an und nehmen seine Gebrochenheit und Armut wahr, das stolze Korn auf dem Feld, es liegt gedroschen da. Wozu noch? Aus dem Stroh wird der Stern gebastelt, der das Jesuskind erfreut. In diesem Strohstern liegt eine Weisung für uns und sein Segen. Die Liebe, die zuletzt das Wenige doch herzlich gibt, ist die Segensbitte über Kinder und Eltern. In diesem Sinne wird es zur Aussage, wenn der Strohstern beim Segnen mitwandert.

## Hinführung

- Auf den Altar (besser auf einen mit einem brauen Tuch bedeckten Tisch in der Nähe der Kinder) wird ein Bündel Stroh getragen, das in ein gelbes Tuch geschlagen ist.

Da liegt etwas auf dem Altar (dem Tisch), ein gelbes Tuch, gelb wie die Sonne, ein kleines gelbes Häufchen. Was mag darin verborgen sein?

- Wir entdecken es: Ein Kind (oder zwei) kommt, um das Bündel aufzudecken.

Stroh liegt da, ein Häufchen Stroh. Wir können es hören, wenn ich hineinfasse, es hebe und drücke ...
Das Stroh raschelt, knistert und knackt.

- Dann kann auch ein Kind hineinfassen.

Wo kommt das Stroh her?

- Eine (Ton-)Vase mit einem Strauß Ähren wird dazugestellt.
- Die folgenden Beschreibungen werden in der Gebärde begleitet:

Das Stroh, die Halme, waren einmal stolze Ähren. Sie standen auf dem Feld. Der Bauer hatte die Körner ausgesät (evtl. mit Gebärde begleiten) ...

Sie lagen in der Erde, die Sonne schien, der Regen tropfte, die kleinen Körner begannen zu wachsen.

- Eine Ähre aus der Vase nehmen

Die Halme sind empor gewachsen, dem Himmel entgegen.
Wie schön standen sie auf dem Feld, wenn die Sonne schien und der Wind leise darüber wehte.

- Die Ähre zurückstellen

In den Ähren waren viele Körner gewachsen und gereift. Dann kam die Zeit der Ernte. Die reifen Ähren wurden abgemäht, gedroschen, die Körner fielen in die Säcke, übrig blieb auf dem Feld: das Stroh.
Seht das Stroh! Das ist übrig geblieben.
Das Stroh ist arm. Da ist kein Korn mehr darin.

- Die gedroschene, leere Ähre zeigen

Der Halm ist platt, gebrochen, geknickt.
Wozu soll das Stroh noch gut sein?
Wir sehen das Stroh. Woran denken wir?
An das Feld, an die Ernte, an die Tiere, an den Stall?
Wir gehen in den Stall nach Betlehem, wo das Jesuskind geboren ist.

- Etwas von dem Stroh wird genommen und in den Stall gelegt.
- Wir singen das Lied „Zu Betlehem geboren“.

## Wir hören eine Geschichte

**Eine Legende von Else Tümmel**
**in „Sei uns willkommen, schöner Stern“, hg. v. Gertrud Mielitz,**
**Ernst Kaufmann Verlag, Lahr/Schwarzwald, 1981, 6. Auflage, S. 158**

Als Jesus im Stall zu Betlehem geboren wurde, da war viel los. Am Himmel leuchtete ein großer Stern, der Himmel war offen, die Hirten auf dem Feld hörten die Engel singen: „Ehre sei Gott in der Höhe, Frieden den Menschen auf Erden!“ Wie staunten sie! Sollten sie nicht nach Betlehem gehen, um das kleine Kind zu sehen?

Als sich die Hirten auf den Weg nach Betlehem machten, wurde von ihrem Reden und Rufen auch ein Hirtenjunge wach, der bei den Schafen im Pferch geschlafen hatte. Verwundert und noch ein bisschen schlaftrunken lief er mit den Männern und stand dann mit ihnen in dem armen Stall lange Zeit vor dem neugeborenen Kind in der Krippe, bis einer der Hirten ihn am Arm fasste: „Komm, Bub, wir wollen heimgehen! Das Kind und seine Mutter brauchen Ruh!"

Unterwegs berieten die Hirten, was sie dem Kind morgen alles mitbringen wollten.
„Ich bring ihm Milch von dem Mutterschaf", rief der eine.
„Ich nehme guten Schafskäse mit!", sagte ein anderer.
Ein dritter wollte ein Säckchen Mehl hintragen,
ein vierter ein weiches Lammfell schenken.
Wieder einer wollte ein Bund Holz zum Feuermachen mitbringen
und ein anderer einen Beutel voll Winteräpfel zusammensuchen.
Einer hatte noch ein Töpfchen Fett
und der älteste von ihnen, der am ärmsten war, sagte nach einigem Überlegen: „Ich spiel dem Kind ein Wiegenlied auf meiner Flöte!"

Der Hirtenjunge wurde allmählich immer trauriger. Alle hatten etwas zu schenken – nur er nicht! Denn außer seinem Hemd und seiner Hose besaß er nichts, höchstens noch eine Jacke, aber die war so alt und so oft geflickt, dass er sie unmöglich dem Kind schenken konnte.

Dann wurde es dunkel. Die Nacht zog herauf.

- Zwei dunkelblaue Tücher aufgehen lassen und zum Stroh legen.

Es wurde still. Alle schliefen.
Doch unser Hirtenjunge konnte auf seinem Strohlager lange nicht einschlafen. Immer noch sah er das Kind vor sich. Er wollte ihm so gern auch etwas schenken. Aber was?

Da glänzten auf einmal im Licht des großen neuen Sternes ein paar Strohhalme seines Lagers auf. Sie lagen kreuz und quer übereinander und trafen sich in der Mitte zu einem Stern – einem Strohstern. Da wusste der Junge auf einmal, was er dem Kind schenken konnte! Er wünschte den Morgen herbei, und das Schlafen wurde ihm schwer.

Endlich wurde es Tag. Leise griff der Junge nach dem Messer des Hirten, der neben ihm schlief, und schnitt ein paar Strohhalme zurecht, drehte dann aus Schafwolle einen Faden und schlang und knotete ihn um die Halme, dass ein fester, schöner Stern daraus wurde.

- Einen Stern (der beim Stroh liegt) am Faden empor heben und langsam aufgehen lassen.

Der Junge ließ den Stern am Faden tanzen. Wie der nun in der Morgensonne schimmerte und leuchtete!

So ging er mit allen Hirten wieder zum Stall. Er nahm seinen Stern mit.
Als die Hirten mit ihren Gaben zum Stall kamen, legte jeder sein Geschenk an der Krippe nieder. Während der Alte noch sein Lied auf der Flöte blies, trat der Hirtenjunge vor.

- Wir hören eine Flötenmelodie, ehe die Geschichte zu Ende erzählt wird.
- Den Stern langsam zur Krippe wandern lassen

Sein Herz klopfte, als er dem Kind den Strohstern hinhielt. Da schlossen sich die kleinen Finger um einen der glänzenden Halme: Das Jesuskind hielt den Stern fest und lächelte.

- Lied „Ihr Kinderlein kommet“

## Segnung der Kinder

- Die Kinder kommen vor und stellen sich in einer Reihe nebeneinander, ihre Eltern dahinter.

- Die Jesusfigur wird aus der Krippe geholt und zum Segen dem jeweiligen Kind gegeben.
- Der Strohstern wandert mit, entweder trägt ihn ein Ministrant neben dem Segnenden her oder er wandert von Eltern zu Eltern.
- Als Segenswort, verbunden mit einem Kreuzzeichen, kann zum Beispiel gesprochen werden:

**N., schau das Jesuskind. Jesus segne dich. Er ist klein geworden für dich.**
**Er bleibe bei dir und mache dich froh.**
**Sein Stern leuchte immer über dir.**

## Vater unser – Segen über alle

Jesus ist arm geworden für uns alle.
Oft ist unser Leben gebrochen, geknickt, manchmal wie leer.
Das Wenige und Arme dürfen wir ihm schenken.
Er hält es in seiner Hand, er kann es zur Freude verwandeln.
Gott segne euch, damit ihr euren Kindern geben könnt,
was sie zum Leben brauchen, zur Freude und zum Weg mit Jesus,
der unser Heil und unser Friede ist.
So segne euch Gott der Vater und der Sohn und der heilige Geist. Amen.

- Wir singen abschließend das Lied „O du fröhliche“.

## ! Material

**Tisch (oder Altar), teils mit einem braunen Tuch bedeckt, Bündel Stroh in ein gelbes Tuch eingeschlagen, ein nicht zu kleiner Strohstern an einem Faden (schon an dem Platz, wo später das Bündel Stroh liegen wird), eine Vase mit Ähren, zwei nachtblaue Tücher, Jesusfigur in der Krippe, evtl. ein Kind, das Flöte spielen kann**

# Der Stern ist uns ein Zeichen

## Die Weisen folgen dem Stern

**Text: Sr. Esther Kaufmann**

**Wie viele Sterne glitzern und blitzen in der Adventszeit in den Fenstern, vor den Häusern, auf Hecken und in den Kaufhäusern, an vielen Orten.**
**Ganz offensichtlich gehört das in die Adventszeit: Sterne basteln, Sterne verschenken, Sterne an den Tannenzweigen aufhängen, am Christbaum ganz oben auf die Spitze setzen. Das ist keineswegs nur für Kinder schön, auch die Erwachsenen freuen sich an diesem Schmuck.**
**Unabhängig von der Jahreszeit ist ein klarer Sternenhimmel in einer dunklen Nacht für viele Menschen ein Erlebnis. Meistens erleben wir diese Weite nur, wenn wir nicht im Haus sind, sondern außerhalb der Stadt, in einer Freiheit, wo die Zeit fast stehen bleiben kann, wo wir still werden und staunen.**

Mit den Kindern wollen wir den Stern anschauen, ihn als Zeichen einer Botschaft entdecken, die uns auf den Weg bringt und die Erzählung von den Drei Königen erfahrbar macht. Diese Magier – waren es nun Könige oder Sterndeuter – entdecken den großen Stern am Himmel, in der Weite, die man nicht greifen kann, und gehen einen weiten Weg, vielleicht zwei Jahre lang, bis sie endlich das kleine Jesuskind finden – auf dieser Erde.
An diesem Ort, in diesem Kind begegnen sich wirklich Himmel und Erde. Hier fallen nicht die Sterne vom Himmel und machen uns reich, sondern das Jesuskind kommt vom Himmel auf die Erde, Gottes Sohn wird Mensch. Gott selbst macht uns reich, wenn wir ihm begegnen und vor ihm klein werden – und dann „auf einem anderen Weg zurückkehren" – wie es von den Drei Königen heißt.
Jesus ist das Zeichen, der Morgenstern, der uns durch alle Nacht hindurch den neuen Weg auf dieser Erde weist. Er ist das Licht, in dem wir nicht mehr im Dunkeln gehen, er ist der Emmanuel, der „Gott mit uns".
Die einfache, schlichte Anschauung des Sterns, im Empfangen und Geben vollzogen, im Aufgehen und Wandern, in die dunkle Nacht gestaltet, wurde von Teilnehmern des Multiplikatorenkurses in Spabrücken erarbeitet.
Ebenso elementar schließt sich – wenn auch vielleicht erst später – die Erzählung von den Drei Königen an: Der Weg in die Mitte – in die Nacht, der große

Stern, der weithin leuchtet und den Weg weist, die Bedrohung durch König Herodes und der unverwüstliche Glaube der Könige, die dem Stern folgen, bis sie das Kind, den neuen König, finden und mit der Hingabe ihrer Gaben anbeten.

## Ein Stern geht auf

### Wir versammeln uns im Licht des Tages

- In der Mitte des Kreises wird eine runde gelbe Decke ausgebreitet.

Wir sehen das Licht, die Sonne. Auch im Winter bringt sie uns den Tag.
Wir öffnen uns – verbinden uns miteinander – und lassen das Licht der Sonne in unseren Kreis ein: ein neuer Tag.

- Wir heben die Hände und senken sie wieder.
- Wir schauen im Licht der Sonne unseren Kreis, wir schauen jedes Kind einmal an.

### Die Nacht zieht herauf

Nach jedem Tag zieht auch die Nacht herauf. Jetzt sind die Tage kürzer, die Sonne scheint nicht mehr so lang. Die Nächte werden länger.

- Vier nachtblaue Tücher werden langsam nacheinander entfaltet und über die helle Mitte gelegt.

Die Nacht deckt alles zu und hüllt alles ein

Wenn wir die Augen schließen, können wir einmal in die Nacht hinausgehen.
Die Wege sind dunkel, die Bäume schwarz. Du siehst nicht mehr weit. Doch am Himmel sehen wir kleine, leuchtende Punkte.

## Sterne leuchten in der Nacht

Da beginnen die Sterne zu leuchten.

- Mit dem Glockenspiel wird das Aufgehen und Leuchten begleitet.
- Wir öffnen die Augen und spielen mit unseren Händen/Fingern Sterne, die am Himmel leuchten und glitzern.
- Die Kinder können zu zweit oder zu dritt Sterne spielen, sich miteinander verbinden, im Kreis gehen, die Zacken der Sterne oder das Leuchten und Blinken der Sterne spielen.
- Ein Körbchen mit Holzsternen oder Strohsternen an Fäden, mit einem gelben Deckchen zugedeckt, wird in die Nacht gestellt und dann von einem Kind aufgedeckt.
- Ein Kind bringt einem anderen einen Stern. Die Erzieherin leitet dies ein, indem sie den ersten Stern am Faden fasst, ihn langsam aufgehen und zu einem Kind hinwandern lässt. Dadurch kann sich etwas von der Stille der Nacht ausbreiten.
- Das Kind legt den empfangenen Stern auf den Rand der „dunklen Nacht“ und bringt dann einem anderen Kind einen Stern.
- Dieses Tun wird mit dem Glockenspiel begleitet.
- Wir singen das Lied „Weißt du, wie viel Sternlein stehen“.

Sterne sieht man erst in der Finsternis

## Der große Stern

Die Sterne leuchten in der dunklen Nacht. Die Seefahrer auf dem weiten Meer schauen auf die Sterne und finden ihren Weg, Menschen, die durch die Wüste gehen, können ihr Ziel finden. Sterne zeigen ihnen den Weg.

Einmal ist ein großer Stern aufgegangen und hat weithin geleuchtet.

- Ein großer Strohstern wird an einem Faden gehalten, im Kreis in der Runde getragen und anschließend in die Mitte des Sternenhimmels gelegt.

### Erwartung: der Anfang der frohen Botschaft

Die Menschen staunen und fragen: Was verkündet uns der Stern? Wohin will er uns führen?
Dieser Stern kündet eine frohe Botschaft. Er sagt uns:
„Der König der Welt wird geboren. Er macht eure Dunkelheit hell."
Der Stern will uns den Weg zu diesem König zeigen. Er lädt auch uns ein, dich und mich: „Komm, geh mit und du wirst den König finden!"

Ein Stern, der uns in unserer Mitte begegnet

### Gestaltung

- Die Kinder gestalten ihren Stern – den Holzstern oder Strohstern – weiter mit entsprechendem Material.
- Die adventliche Einheit „Im Dunkel des Advent warten und doch zugleich Ausschau halten", hat hier ein gutes Ende und kann für sich bestehen.

## Könige folgen dem Stern

- Das Bild mit den Sternen bleibt liegen. Es wird neu eröffnet, wenn wir die Geschichten von den Drei Königen am folgenden Tag oder noch später erzählen. Dann nehmen wir mit wenigen Erfahrungen das Bild neu auf, dass Sterne am Himmel leuchten, der große Stern im Kreis wandert.
- Wir legen um die dunkle Nacht mit den Sternen in einer Halbspirale einen braunen Weg.

Ein Stern ist aufgegangen. Der große Stern leuchtet weithin. Könige und Sterndeuter in fernen Ländern sehen ihn. Sie erkennen das Zeichen und sagen zueinander: „Seht den Stern, ein König ist geboren." Und drei Könige machen sich auf den Weg, um diesen neuen König zu suchen.

Der Stern zieht ihnen voran und zeigt den Weg.

Sie gehen durch die Wüste und durch weite Länder, über Berg und Tal. Schließlich kommen sie in die Stadt Jerusalem.

- In der Mitte des Weges stellen wir einige Klötze und Türme mit goldenen Kugeln auf.

In Jerusalem wohnt und regiert König Herodes, in einem großen Palast, er hat Macht und Gewalt. Viele fürchten sich vor ihm.

Missbrauchte Macht macht dunkel

Plötzlich ist der Stern nicht mehr zu sehen.

- Ein dunkles Tuch wird über den Stern in der Mitte gelegt.

Die drei Könige fragen: „Wo ist der neugeborene König der Juden? Wir haben seinen Stern aufgehen sehen. Wir sind gekommen, um ihn anzubeten. In den alten Büchern steht es geschrieben. Gott sagt: ‚In der kleinen Stadt Betlehem wird der König geboren, der Friedensfürst für mein Volk.' "

König Herodes erschrickt. Er will nicht, dass ein neuer König geboren wird. Er hat Angst um seinen Thron und seine Macht. Er hat Böses im Sinn.

- Ein Schwert wird auf den Weg gelegt.

Die drei Könige brechen auf. Als sie Jerusalem verlassen, sehen sie den Stern wieder.

- Das dunkle Tuch wird vom Stern weggenommen.

Sie folgen dem Stern, bis sie nach Betlehem kommen.
Da finden sie das Kind, das Jesuskind, und Maria, seine Mutter.

- Das Jesuskind wird auf einem schönen Tuch in die Mitte zum Stern gelegt.

Die Könige beugen sich bis zur Erde und beten das Kind an.
Sie bringen ihm ihre Geschenke.

Wie hell leuchtet der Morgenstern

Kommt, lasset uns anbeten den König, den Herrn

- Ein goldenes Tuch wird vor das Jesuskind gelegt.

Gold, Weihrauch und Myrrhe schenken sie ihm.

- Wir legen Goldperlen/Schmuck in einem kostbaren Gefäß ab, stellen ein kleines Weihrauchgefäß hin und dazu noch ein kleines Gefäß mit Myrrhe-Weihrauchkörnern.

Sie legen ihre Kronen ab.

- Eine kleine Krone dazulegen.

Denn sie haben den wahren König gefunden, den der Stern ihnen verheißen hatte. Sie beten das Jesuskind an:

Jesus, wir freuen uns, dass du geboren bist.
Du bist wie ein Stern, der die Nacht erhellt.
Du zeigst uns den Weg, du vertreibst die Angst.
Du bist der König, der uns führt, der mit uns geht.
Jesus, wir beten dich an.

## Material

**Tücher: ein gelbes, vier schwarze, zwei hellbraune, vier bis fünf dunkelbraune, zwei dunkelblaue Chiffontücher, Holzsterne oder Strohsterne für jedes Kind, ein großer Strohstern, Glockenspiel, Gestaltungsmaterial zum Schmücken der kleinen Sterne, goldene Klötze (und Kugeln), Schwert, goldenes Tuch, Jesuskind, Jesuskerze, Weihrauchgefäß, Gefäß mit Myrrhe, Schmuck in einer kleinen Truhe, kleine Kronen**

Text und Melodie:
Burgi Mitterreiter

## MitarbeiterInnen dieser Ausgabe:

**Schwester Esther Kaufmann**, Spabrücken, verantwortlich für die „Schwestern vom Gemeinsamen Leben“, entwickelte den religionspädagogischen Weg der RPP in Zusammenarbeit mit Franz Kett, tätig in der Kinderpastoral und Sakramentenkatechese, in der Begleitung von pastoralen Gruppen in den Pfarreien

**Pater Dr. Meinulf Blechschmidt**, Spabrücken, Pfarrer einer Seelsorgeeinheit, engagiert in der Sakramentenkatechese für Kinder und Jugendliche, Erwachsenenkatechese, Exerzitienbegleitung

**Titelbild, Bilder der Bildermappe S. 3 und 4:**
**Christel Holl**, Rastatt, künstlerische Autodidaktin, Weiterbildungen u.a. bei Noel Dyrenforth (London), Mitglied des Künstlerkreises „Steinbach-Ensemble“ und im Kunstverein Baden-Baden

**Fotos:**
**Pater Meinulf Blechschmidt**, S. 8–12, 26, 28, 30–33, 35, 56–60
**Susanne Witt**, Kindergarten Spabrücken, S. 18–23, 41–43, 45–47

**Zeichnungen:**
**Monika Molnar**, S. 50, 53, 54

**Notensatz:**
**Johannes Kindl**, Landshut, RPA-Verlag

**Schriftsatz und Bildunterschriften:**
**Thomas Brunnhuber**, Lupburg, Redakteur

Die **BILDERMAPPE** zu diesem Heft enthält acht Bilder von **Christel Holl** mit Texten von **Sr. Esther Kaufmann**.

**Thema der nächsten RPP-Ausgabe 1/2014 von Sr. Esther Kaufmann und P. Meinulf Blechschmidt: „Jesu Wort hat Macht“. Dargestellt werden Heilungsgeschichten und eine Grundlegung der RPP.**
**Die Bilder der Doppelbildermappe stammen von Frau Christel Holl, Rastatt.**

**Geplante Themen der weiteren Ausgaben im Jahr 2014:**
**2/2014: Profil und Leitbild (Thomas Brunnhuber, ohne Bildermappe)**
**3/2014: Jona und Elija (Sr. Esther Kaufmann, P. Meinulf Blechschmidt)**
**4/2014: Segen und Inklusion (Thomas Brunnhuber)**

# Kurse und Fortbildungen

Auf dem Weg der „Religionspädagogischen Praxis" – RPP

## Kloster Spabrücken:

| | |
|---|---|
| **Anmeldung an:** | Kloster Spabrücken, Klosterstr. 7, 55595 Spabrücken<br>Fax: 0 67 06 / 96 00 99, E-Mail: esther@kloster-spabruecken.de |
| **bitte schriftlich:** | mit Name, Adresse, Telefon oder E-Mail-Adresse, Beruf, Alter |
| **weitere Infos:** | www.kloster-spabruecken.de |
| **Leitung:** | Sr. Esther Kaufmann, P. Dr. Meinulf Blechschmidt |

## Aufbaukurs

| | |
|---|---|
| **Thema:** | Vertiefung und Erarbeitung der Schritte auf dem Weg der RPP |
| **Termin:** | 22. (15 Uhr) bis 24. Januar (13 Uhr) 2014 |

## Erstkommunion

| | |
|---|---|
| **Thema:** | Neue Impulse – Katechese – Gottesdienste – Versöhnung |
| **Termin:** | 29. (10 Uhr) bis 30. Januar (16 Uhr) 2014 |

## Intervall Kurs Nachmittage

| | |
|---|---|
| **Thema:** | Märchen und Geschichten erzählen |
| **Termine:** | 13. Februar 2014 von 14 bis 17 Uhr<br>20. Februar 2014 von 14 bis 17 Uhr |

## Seminar

| | |
|---|---|
| **Thema:** | Das Evangelium verkünden - Biblische Geschichten für Kita, Schule, Gemeinde, Kindergottesdienst |
| **Termin:** | 13. (10 Uhr) bis 14. März (13 Uhr) 2014 |

## Exerzitien

| | |
|---|---|
| **Thema:** | Auf dem Weg des Glaubens, der neu leben lässt |
| **Termin:** | 10. bis 14. Juni 2014 |

## RPA-Bayerwaldhaus – Kurse

**Anmeldung an:** Bayerwaldhaus RPA – Urlaub und Bildung, Heinzlgrün 11, 93449 Waldmünchen, bayerwaldhaus@rpa-verlag.de, Fax: 0 99 72 / 94 26 19
**bitte schriftlich:** mit Name, Adresse, Telefon, E-Mail-Adresse, Beruf, Alter
**weitere Infos:** www.bayerwaldhaus.eu
Gerne senden wir ein Programm zu (Kontaktdaten siehe unten).
Sie können unabhängig davon jederzeit in unserem Haus ihre freien Tage verbringen!

**Thema:** Einen Engel schick ich dir (11)
**Referentin:** Maria Michaela Blenninger
**Termin:** 7. (10 Uhr) bis 8. (16 Uhr) Dezember 2013

**Thema:** Frohe Botschaft für kleine Leute (6)
**Referentin:** Irmengard Kindl
**Termin:** 10. (18 Uhr) bis 11. (17 Uhr) Januar 2014

**Thema:** Mit Jesus auf Ostern zu (7)
**Referentin:** Irmengard Kindl
**Termin:** 30. (9 Uhr) bis 31. (17 Uhr) Januar 2014

**Thema:** Von großen Pädagogen lernen (12)
**Referentin:** Maria Michaela Blenninger
**Termin:** 5. (10 Uhr) bis 6. (16 Uhr) April 2014

**Thema:** Lebens-Geschichten erzählen – erleben – gestalten (8)
**Referentin:** Irmengard Kindl
**Termin:** 7. (9 Uhr) bis 8. (17 Uhr) April 2014

## Institut für ganzheitlich sinnorientierte Pädagogik – RPP e. V.:

Informationen und Hinweise zu Fortbildungsveranstaltungen finden Interessierte auf der Homepage www.igsp-rpp.net oder über die Geschäftsstelle IgsP-RPP e.V., Ludwig-Zeller-Str. 1, 83395 Freilassing.